JN060152

Let's live like a dolphin

「そうだ、イルカみたいに生きてみよう！」

小原田泰久

KKロングセラーズ

はじめに

『イルカみたいに生きてみよう』という本を出したのが一九九七年でした。もう二五年くらい前の話です。

イルカがブームになり始めたころで、大半は若い女の子でしたが、たくさんの方にこの本を読んでいただきました。

「もっとのんびり、気楽に生きたらどうだろう?」

ぼくがイルカと泳いで感じたことをまとめたものです。

「気持ちが軽くなりました」

「考え方が変わりました」

「自分の進む方向が見えてきました」

といった手紙がたくさん届きました。この反響には、書いたぼく自身がびっくりしました。イルカから連想される自由気ままでのびのびとした生き方に多くの人が感銘を受けたのだと思います。その手紙は、今でも段ボール箱に入れて大切にしまってあります。

「なんて疲れる生き方をしているんだろう。
生きるってことは、とても楽しいことなのに、
眉間にしわを寄せて苦しんでいる。

「かわいそうだよね、人間って」

『イルカみたいに生きてみよう』はそんなイルカたちの独り言から始まっています。

二五年たった現在、相変わらずイルカたちは同じ言葉をつぶやくのではないでしょうか。あのときよりも、もっとストレスフルな世の中になって、人間の眉間のしわはさらに深いものになっています。

新型コロナウイルスが私たちの生活の根底をグラグラと大きく揺れ動かしています。

感染が心配だ。

経済的に立ち行かなくなった。

希望がなかなか見出ない。

仕事を失った。

先行きが不安だ。

家族関係がギスギスしている。

だれもがさまざまな悩みを抱えていると思います。

こんなときイルカならどんなふうにアドバイスしてくれるでしょうか。人はイルカからどんなことを学べばいいでしょうか。

イルカたちは人間たちが少しでも幸せになれるよう、たくさんのメッセージを発してくれているはずです。

ぼくは、この二〇年ほど、夏になると一〇人から二〇人ほどの仲間を誘って御蔵島や小笠原諸島にイルカと泳ぎに行っています。『イルカみたいに生きてみよう』を読んだり、イルカと泳ぐ旅に出かけて、たくさんの人が「人生観が変わった」と喜んでくださいました。イルカからのメッセージを感じ取った人はどんどん変化します。楽に生きられるようになります。

そんな実例も含めて、この激動、激震、先の見えない時代を生き抜く上でのヒントを、イルカたちからもらおうではないですか。

明けない夜はありません。

必ず朝日が昇って、大地を明るく照らしてくれます。今は、虫で言えば「さなぎ」のときです。美しいチョウチョになるには必要不可欠な段階なのです。

「変化を受け入れる」ことがキーワードです。

これまで動き過ぎた人は立ち止まり、じっとしていた人は動いてみてはどうでしょう。

どうぞ最後までお読みください。

そして、小さなことでいいので、変化した自分を感じ取ってください。小さな変化こそ、次のステップへの大きなきっかけです。

ぼくのモットーは、

「無理せず、楽しく、いつもニコニコと」です。

イルカから教えられた生き方です。

二〇二一年七月吉日

小原田泰久

目次

第1章 どんな出来事も意味があって起こっている

第2章 ぼくたちは大きな力に守られている

第3章
イルカみたいに生きてみよう

本文イラスト　鳥井和昌
木村洋子

第1章

どんな出来事も意味があって起こっている

イルカのエネルギーをキャッチして言葉に変換する

ぼくはトラブルに巻き込まれたり、困ったことや悲しいことがあって落ち込んだり悩んだときには、自分にこう言い聞かせることにしています。

「すべてのことは意味があって起こっているんだよ」

イルカとお話をしたときに教えられたことです。

イルカとお話をすると言うと変に思う方も多いでしょう。

人と会ったときに、「気が合いそう」とか「近寄りがたいな」と感じることはよくあると思います。表情でもない。声でもない。理由を聞かれても困ると思います。その人のもっている雰囲気から何かを感じ取っているのです。

第六感とよく言いますが、朝起きたときに思ったことが現実になったという体験がある人も多いでしょう。正夢というのもあるし、昔の友だちの噂話をしていたら、本人から電話があったという不思議な偶然もあります。

世の中には、理屈では説明できないことはいくらでもあります。

ぼくたちは、人間からばかりではなく、動物や植物たちからも第六感のようなもので、彼らが醸し出している雰囲気を感じ取っていま す。そういう能力が極端に高いと、亡くなった人の姿が見えたり、声が聞こえたりすることもあります。いわゆる霊能者という人たちです。

イルカとの対話は、見えないエネルギーを感じ取る力がとても強い二人の女性が通訳をしてくれて実現しました。

二人の女性は、イルカの発するエネルギーをキャッチして、それを言葉に変えてくれました。場所はオーストラリアの東海岸。一週間ほど古い帆船で過ごす中でトライしたことです。

最初に、こんなメッセージがきました。

本当にイルカと対話ができるのかを知りたかったので、ぼくたちは「イルカたちよ、船のそばへきてジャンプしておくれ」と念を送りました。ぼくたちが願ったように船の近くに来てジャンプしてくれれば思いが通じていることがはっきりとするからです。

そのときのイルカたちの返答です。

「ぼくたちは海の中で泳いでいるのが気持ちいいのに、船のそばに来いだの、ジャンプしろだの、人間はなんて自分勝手なんだ」

怒ったように言いました。ガツンと先制パンチをくらった感じです。確かにその通りです。仮に立場が逆だったら、ぼくたちだって同じことを言うのではないでしょうか。

人間というのは自分本位な生き物のようです。

でも、そのことをきちんと謝ると、イルカたちはすぐに気を取り直してくれて、ぼくたちの質問にていねいに答えてくれました。

どれも、とても貴重なメッセージをとおして、ぼくの記憶に残っています。

つらいことも悲しいことも、すべて意味があります

その中でもっとも印象に残っているのが「すべての出来事は意味があって起こっているんだよ」というものでした。

あるオーストラリア人女性がこんな質問をしました。

「日本でイルカが大量に殺されました。あなたたちはそのことをどう思っているのですか？」

一九七〇年代後半から八〇年代にかけて、日本でのイルカ漁の是非が世界的な大論争になったことがありました。彼女はイルカが殺

されることに心を痛めている一人でした。

イルカは言いました。

「確かに仲間が殺されるのは悲しいことです。でも、悲惨な出来事があったからこそ、あなたたちのようにイルカと仲良くしたいと思える人が増えたのだと思います。

あなたたちはたくさんのイルカが殺されたことに心を痛めて、イルカたちの気持ちを聞いてみたいと思ったのではないですか。

どんなことも意味があって起こっています。つらいことも悲しいことも、すべて意味があります」

ぼくたちは、自分に都合が悪いことは起こらないほうがいいと考えてしまいがちです。できれば苦労はしたくない。病気になるのは嫌だし、貧乏も避けたいことです。

でも、イルカたちはぼくたちが悪いと思うことでも、「意味があって起こっている」と受け入れているのです。

このメッセージには衝撃を受けました。

当時、気功を取材していて、難病が奇跡的に良くなり、患者さんがとても喜ぶ姿をたくさん見ました。

「気功がもっと広がればみんなが幸せになれる」

心の底からそう思っていました。

でも、イルカからのメッセージで考え方が変わりました。

病気になっていいことなど何もないと思ってしまいますが、まわりをよく見ると、病気をきっかけに人生が大きく変わって、病気になる前よりも充実した日々を送っている人がいます。

「病気になるのも意味があるんだ」

頭の中が一八〇度グルリと回転しました。

病気だけではありません。

受験で志望校に落ちた。

就職先が見つからない。

失恋した。

どれもうれしいことではありませんが、「何か意味があるはずだ」と思ってみると、それが一概に悪いことではないことに気づくことができます。

「意味がある」という目で「失敗」を見るくせをつければ、いつか必ず、「こういう意味があったのか」とわかります。

この日から、ぼくは「いいこと」と「悪いこと」の境目があいま

いになり、とても楽に生きられるようになりました。

五点の人生を九五点に変えた末期がん

苦しみ、悩みには意味があるという例を紹介します。

Oさん（男性）は五九歳のときに末期がんと診断されました。余命半年という宣告。絶望の淵に突き落とされました。奥さんと手を取り合って、ひと晩泣き明かしたそうです。

しかし、泣いたり嘆いてばかりいても仕方がないと思い直し、残り少ない人生、好きなことをすることに決めました。

彼は海が大好きでした。

「思う存分、海で遊ぼう」

そう決心した矢先、ぼくと出会いました。ちょうど小笠原でイルカと泳ごうというツアーの参加者を募集していたころです。

彼は小笠原行きを決めました。二四時間の船旅のあとの常夏の島。真っ青な海でイルカと泳ぎ、一緒に行った仲間と大いに楽しみました。Ｏさんはもう思い残すこともないというくらい大好きな海を堪能したのです。

東京へ戻ったあと、彼の身にいくつもの奇跡が起こりました。まずは、検査でがんの進行が止まっていることがわかりました。すぐあとに免疫療法の名医と出会い、その治療を受けることにしました。すると、わずか数ヵ月で全身に広がったがんが消えてしまったのです。常識では考えられないことです。

それからの彼の行動がすばらしかった。

長年、商売をやってきた人でしたが、やったことのない農業の道へと進むことを決めました。それも農薬や化学肥料を使わない自然栽培を始めたのです。

「今まで金儲けばかりを考えてきたので、これからは社会に貢献したい」

農薬や化学肥料が地球環境を汚していると知り、地球にやさしい農法である自然栽培に興味をもったのです。イルカと泳いで感じるものがあったのでしょう。

人生が大きく変わりました。

「少しは地球のために働くよ」

彼は、そう言って笑っていました。

無農薬・無肥料で米や野菜を育てることが生きがいになりました。

「がんになる前は五点、がんになってからが九五点。一〇〇点満点の人生だったよ」

五点の人生を九五点に変える意味が、「末期がん」というだれもが忌み嫌う病気にはあったのです。

いいことも悪いこともすべて大切な経験

当時、二〇代前半。理学療法士だったTさん（女性）は、自分のあずかり知らないところで金銭トラブルに巻き込まれて、多額の借金を背負いました。

お金を返すために、朝は四時半から仕出しのアルバイト、八時半には病院へ行き、一八時まで働いて一九時から二二時まで運送会社で検品の仕事をしました。

毎日、クタクタになって働きましたが、給料は借金のためにほとんど消えてしまい、友だちと遊んだり、新しい洋服を買うこともできませんでした。

若い女の子がよくぞ耐えたと感心します。

でも、こんな状態が一年も続くと、心身ともにボロボロになってしまいます。

「もうダメ」

Tさんは軽自動車に布団と着替えを積み込み、家を出て車中生活を始めました。厳しい現実から逃げ出したかったのでしょう。

「このまま事故を起こして消えてしまいたい」

そう思ってアクセルを目いっぱい踏み込んだこともあったと言い

ます。

そんなどん底のときに、友だちが一冊の本を貸してくれました。

『イルカみたいに生きてみよう』でした。

そのときの心境を、彼女は手記に綴っています。

《イルカに興味があったわけではないのに、吸い込まれるようにして一気に読みました。涙があふれてきました。ひと言ひと言が傷ついた心に響き渡りました。

「ああ、これでいいんだ。そう考えればいいんだ」

いちいちうなずきながら涙で歪んだ文字を読み進めました。

「いいことも悪いこともすべて大切な経験なんだよ」

すべてのことは意味があって起こっていて、あなたが成長するためには必要なことなんだと、その本が、イルカが語りかけてくれました。

「そうか。この借金も大切な経験なんだ。なにかを気づかせてくれようとしているんだ」

今の自分はどん底にいるけれども、これも必要だから起こっているのだと思うと心が軽くなっていきました。

まさに真っ暗闇の中に光が差してきた感じでした。迷路の中で右往左往していた私に、こっちへ行けば出口があるよと教えてくれた一生の宝物です。気持ちの持ち方ひとつで、絶望を希望に変えることができると、身をもって体験することができました》

彼女に目標ができました。野生のイルカと泳ぐこと。金銭トラブルについては専門家に相談し負担が軽くなりました。その分、夢にお金を回すことができました。

二年後、彼女は夢を実現させました。バハマの真っ青な海でイルカと泳いだときのあふれんばかりの喜び。そして、ツアーで一緒だった各国の人たちからさまざまな刺激を受け、勇気とやる気と希望をもらって日本に帰りました。

あれから二〇数年。Tさんはすてきな夫と子どもたちに恵まれ、ライフワークとも言える仕事にも出あい、充実した毎日を過ごしています。

はじまりは、「すべての出来事には意味がある」というイルカからのメッセージでした。彼女は素直にその言葉を聞き入れ、今の苦しみは大切な経験で、必ず希望へとつながると信じて行動しました。

本当にすごいと思います。

苦しみの渦中にいるときには、なかなか「意味がある」とは思えないでしょう。でも、「ひょっとしたら何か意味があるかもしれない」と思うことで、ネガティブなエネルギーでパンパンになった心に少しだけ隙間を作ることができます。

その隙間にポジティブなエネルギーが流れ込んできます。小さな隙間が徐々に大きくなって、気持ちが前向きになります。

Tさんの体験は、まさにそんな「隙間の法則」を証明してくれています。

どうしても楽しめないのなら、それはあなたがやるべきことではない

うつ病で悩んでいたSさん（男性）のお話をします。

サラリーマンだった彼は、三〇代のときにある部署の長に抜擢されました。出世と言えば出世だったのですが、気持ちのやさしい彼は、部下にも必要以上に気を使い、尻を叩いて成績を上げるようなことは苦手でした。

会社の業績が低下し、リストラをしなければならなくなりました。彼の部署でも何人かに辞めてもらわないといけません。クビを言い渡すのは長である彼の仕事でした。

だれをクビにするのか。

どう伝えるのか。

彼は悩みに悩みました。夜も眠れません。食欲もなくなりました。

家族との対話もなくなりました。

ある日の朝礼。

あいさつの途中で急に涙があふれて出て来て、会社を飛び出しました。そして、何日も車で走り回りました。このまま死んでしまいたいと思い詰めました。

死ぬことを思いとどまって病院へ行くと、「うつ病」と診断されました。かなり重度でした。

精神科に入院。

「もう社会には復帰できないのか」

「このまま死んでいくのか」

希望を見出すことができません。

「どうにでもなれ」

やけくそでした。

そこからドラマが始まります。

病院内の娯楽室にふらっと行ったときのことです。本棚がありました。読書など興味がなかったし、本を読む気力もありませんでした。

ところが、その日はなぜか本棚に意識が向き、一冊の本の背表紙が目に飛び込んできました。

青地にオレンジの文字。『イルカみたいに生きてみよう』でした。

導かれるように本を手に取り、ページをめくりました。本に書かれているひと言ひと言がスムーズに頭に入ってきました。ずっと平坦だった感情が揺さぶられるのがわかりました。

ずっと「がんばらなければダメだ」と思い込んできました。

うつ病になって病院に入院している自分はがんばりの足りない負け犬。人間のクズ。落ちこぼれ。

自分なんて生きている価値がない。

彼は自分を責めて、苦しみ、弱いから苦しむのだとさらに自分を責めました。うつ病はどんどん悪くなります。

Sさんは本当にやさしくて、イルカみたいな人です。イルカみたいなSさんがなぜうつ病になったか。

「できないこと」に目が向いてしまったからです。

だれにでも得意なことがあります。なのに、家でも学校でも、

「好きなことばかりやっていちゃダメだ。がんばって苦手なことを克服しなさい」

そう言われます。

本当にそうでしょうか。ぼくは、たくさんの魅力的な人に会ってきました。彼らは例外なく、得意なこと、やりたいことを一所懸命にやってきた人でした。

イルカはこんなふうに言っています。

「自分がやるべきことは、どんなに大変なことのように見えても楽しみながらできるはずです。楽しんでいる人は輝いています。輝いている人のもとには、たくさんの輝いている人が集まってきます。

だからますます毎日が楽しくなるのです」

「どうしても楽しめないなら、

それはあなたがやるべきことではないということです。

それならやめちゃえばいい」

そこまで言い切っているのです。

苦手なことをやろうとするからうまくいかなくて、「自分はダメだ」と落ち込んでしまいます。得意なことに取り組めば、気の合う仲間も集まって来て、毎日が楽しくなります。

それなら、やめちゃえばいい

Sさんは、苦手なことにがんばろうとした自分に気づきました。

「それなら、やめちゃえばいい」

イルカの言葉には勇気をもらいました。

うつ病にならなければ会社をやめることができなかっただろうなとも思いました。

そんなときに目に飛び込んできた言葉が、

「どんなことにも意味があるんだよ」

でした。

「そうか」

彼ははっとしました。

「うつ病になったことにも意味があったんだ」

うつ病にならなければ、心を痛めながらリストラをしていたはずです。やりたくないことをやらなければならないつらさをずっと味わっていたでしょう。

そこから逃れるために自分はうつ病になったんだ。

ぱっと目の前が明るくなりました。

「やりたいことをやろう」

「自分の得意なことは何だろう」

そう考え出したら、少しずつ気持ちが明るくなってきました。

彼の中で、前向きのスイッチが入ったのです。

だからと言って、すぐに良くなったわけではありませんでしたが、少しずつ彼を取り巻く環境が変化しました。導かれるように偶然が次々と起こってきたのです。

退院後、ひょんなことから、ぼくのセミナーのことを知りました。まだ人ごみに入るのが苦痛だったにもかかわらず、勇気をふりしぼって参加してくれました。

青森にある「森のイスキア」へ行くんだと話すと「自分も行きたい」と手をあげました。佐藤初女先生のおむすびを食べて、涙を流していた彼の姿は印象的でした。

それを機に、どんどん体調が良くなりました。

知り合いにすすめられてタイマッサージを習い、講師にまでなりました。さらには外資系のホテルでドアマンをやるなど、生き生きと働き始めました。すべてがいい方向に流れ出したのです。

彼はサービス精神にあふれていて、人が喜んでくれることが自分の喜びだというタイプです。それなのに、リストラをしなければならない立場になって、どれだけ悩んだでしょう。うつ病になるのもわかる気がします。

元気を取り戻した彼は、〝恩人〟であるイルカとも三度、小笠原で会いました。

ぼくは、彼のことを「うつ病の星」と呼んでいます。

うつ状態の人から相談があると、ぼくは彼に会ってもらっています。体験者の話は心に響きます。

彼がうつ病でつらい思いをしたのは、これからますます増えるだろう、うつで苦しむ人たちに、体験した者という立場でお話をしたり、聞いたりするためだったかもしれません。

彼は自分の体験を通して、人の役に立つことができることに気がつきました。

まさに「意味があって」彼はうつ病になったのです。

イルカと泳いでうつ病から回復した人

もう少しうつ病のお話を続けます。

ぼくがイルカに興味をもったのは、イルカの研究家であるイギリス人のホレス・ドブス博士から、うつ病で悩む人が野生のイルカと泳いだら元気になったという話を聞いたのがきっかけでした。

最初はイルカと泳いでうつ病が良くなるなんて信じられませんでした。しかし、ドブス博士が映像を交えて話してくれる内容を聞いているうち、イルカの魅力にどんどん引き込まれていったのです。

ドブス博士はこんな話をしてくれました。

アイリッシュ海に浮かぶ小さな島でのことです。いつものように
イルカと遊んでから海沿いのレストランで食事をしていると、一人
のおばあちゃんが話しかけてきました。

「うらやましいですね」

彼女は博士がイルカと泳いでいるのをずっと見ていました。

「だれでも泳げますよ。午後から一緒にイルカと遊びませんか」

博士は彼女を誘いました。

しかし、彼女は「泳げないから」としり込みしました。

博士は、「この人はイルカを必要としている」と感じ、半ば強引

にウエットスーツを着せ、小舟に乗せました。ウエットスーツを着れば海に浮いていられます。溺れることはありません。

恐る恐る海に入ったおばあちゃん。最初は舟にしがみついていました。

そこへイルカが近づいてきます。

初めてのことですから、おばあちゃんも少し怖かったと思います。イルカは、おばあちゃんをくちばしでつついたり、ひれで海面をばちゃばちゃして、緊張をほぐそうとします。

海にも慣れてきたおばあちゃんは、手を伸ばしてイルカに触りました。イルカは嫌がりません。嫌がるどころか、おばあちゃんの方へ寄ってきて背びれを近づけました。

「背びれにつかまってみて」

ドブス博士が言うと、おばあちゃんは両手をイルカに伸ばしました。

すると、イルカは背びれをもったおばあちゃんと一緒に湾内を一周したのです。

海から上がったおばあちゃん、さっきとは別人のようにニコニコしていました。博士に自分のつらかった過去を話しました。

若いころ男の人に乱暴されて、心にひどい傷を負っていました。何十年も笑いのない毎日を送ってきたのです。

それがイルカと泳いだだけですっかり明るく元気になりました。

この出来事をきっかけに、博士はたくさんの精神的、肉体的に病んだ人たちをイルカと泳がせました。そして、薬では治らない病気がイルカと泳ぐことで回復していくことを体験し、これを世界中に広めようと活動していたのです。

そばにいるだけで癒される、イルカみたいな自閉症の男の子

イルカと泳いでうつ病から回復した人がこんな話をしてくれまし

た。

「自分は人間のくずだと思っていました。何もできない自分のことなど、だれも興味をもってくれないと心を閉ざしていました。でも、イルカはこんな私でもわけへだてなく遊んでくれました。それが最高の喜びでした」

Sさんもそうでしたが、うつ病の人は「自分なんか、生きるに値しない人間」だと自分自身の心にナイフを突き立てて苦しんでいるのです。

がんばらないと認めてもらえない。何か成果をあげないといけない。そんな考え方が自分を苦しめることになります。

ぼくたち人間の社会では、生産性や経済性が優先されています。お金を稼げる人が偉いのです。だから、子どもや障がい者、病人、高齢者はバリバリ働いている人たちと比べて下に見られてしまいます。「弱者」という言い方も、ぼくには何となくしっくりきません。

働けなくなったりお金が稼げなくなった途端に、人としての価値がなくなってしまうのでしょうか。

「すべての出来事には意味がある」

イルカからのメッセージを思い出してください。

ぼくには障がい者の知り合いが何人もいます。

自閉症だったりダウン症だったり精神的に病んでいたり、目が見

えなかったり、歩けなかったり。

彼らは今の社会で生きていくにはとても不自由な思いをします。だれかの手を借りないとできないことがたくさんあります。でも、不自由だからと言って不幸ではありません。

障がいがあるからこそできることがあるという「意味」を、自分やまわりの人が見出すことで、とてもすてきな人生を歩むことができます。

Hくんという、パソコンですてきな絵を描く自閉症の男の子と小笠原へ一緒に行ったことがあります。彼の描く絵は鮮やかな色彩と独特の構図で見る人の心をとらえ、彼の絵から元気をもらったという人はたくさんいます。

彼は、だれかを感動させようとか、メッセージを伝えようと思って描いているわけではないと思います。自分の心の感じるままにパソコンを操作して描くことで、人の心を打つ絵が出来上がるのです。

これってイルカと同じじゃないかとぼくは思いました。

イルカは、人を癒したり元気にしてあげようと思っているわけではありません。自分が楽しいから、興味があるから、遊びに来た人間の相手をしているだけです。そんな何の計算のない無邪気な姿が、悩んでいる人、つらい思いをしている人の心をなごませ、元気づけるのです。

少なくともぼくのまわりにいる自閉症やダウン症の人は、みんなイルカみたいな人たちです。彼らがぼくに何かをしてくれるわけではないけれども、一緒にいるだけで心も体もリラックスできて、癒されるのです。

生産性や経済性という物差しでは計れないすばらしい生き方があることを世に知らせることが彼らの役割であり、意味なのかもしれません。

彼らをお手本にすることで、イルカみたいな生き方に少しは近づけるのかもしれません。

だれもが理由があってこの世に生まれてきました。

「何もできない」と嘆いている人は多いのですが、ひょっとしたら、「何もできない」ことを体験するために生まれてきた人もいるかもしれません。できないことを恥ずかしがる必要はないのです。

できないことはすごいアドバンテージ

実は、ぼくは泳ぐことができません。プールで二五メートルを泳げたのはたった一回です。それも溺れそうになりながらやっとゴールインという情けない状態でした。

泳げないのに、何冊もイルカの本を書き、ドルフィンスイムに毎年出かけている。人にも「イルカと泳ごうよ」とすすめている。変な話です。

若いころは、泳げないことはとても恥ずかしかった。イルカと会って、ぼくが泳げないことにも意味があると気づいてから、堂々と「泳げません」と言っています。

ぼくが泳げない意味は？

「ウエットスーツを着たりライフジャケットをつければ、水泳に自信がなくても、海が怖くても、野生のイルカと遊べますよ」ということを、みなさんにお伝えするために、ぼくは泳げないのだと思っています。

泳げない人はドルフィンスイムをあきらめないといけないのでしょうか。そんなことはありません。ぼくがお手本です。

泳げないぼくが、「泳げなくても野生のイルカに会えるよ」と言えば説得力があると思います。

イルカにあって何十年もたつし、毎年、イルカと泳ぎに行っているのに、ぼくは泳げるようになる努力をしたことがありません。

イルカときれいに泳いでいる人はたくさんいても、ぼくのようにカナヅチなのにイルカの本を書き、ドルフィンスイムを楽しんでいる人はいません。

これって、すごいアドバンテージなのです。泳げる人には絶対にぼくのような立場に立つチャンスはありません。

「できないことにも意味がある」

ぼくは威張っています。

ひと息入れて考えることで小さな光が見えてくる

「すべてのことに意味があるなら、新型コロナウイルスにはどんな意味があるんですか?」

よく聞かれます。

イルカならどう答えるでしょうか?

「コロナが広がる前は幸せでしたか？」

そんな質問を投げかけてくるかもしれません。

人は、何か目の前に問題が立ちはだかると、それさえなくなれば幸せだ、と考えがちです。

病気で悩んでいる人は、健康になれさえすれば何もいらない、と思います。しかし、病気が治れば治ったで、いろいろな不満や欲が出てきます。治療でたくさんのお金を使ってしまって、健康になったけれども経済的に困ってしまうという状況に立たされたらどうでしょう？

今度は、お金がないという苦労を取り除こうとする。早朝から夜遅くまで働く毎日。何とか経済的な窮地を脱しても、余裕のない生活にうんざりして、また次を求めます。

キリがありません。

口うるさい上司が嫌いだからと転職します。でも、転職先でも違う形で人間関係の悩みが出てくることはよくあります。

一人でいる寂しさから逃れたくて結婚します。これで幸せになれると思ったけど……。

これ以上はやめましょう。

つまり、自分に不都合なことを取り除いて状況を変えたところで、問題が解決しないことはいくらでもあります。

新型コロナウイルスは史上最大の不幸をもたらせる悪の権化のように扱われていて、コロナがなくなればみんなが幸せになれるという錯覚がはびこっているように思えてなりません。

コロナの不安がなくなったあとには、すっきりした快適な日々が戻るのでしょうか。コロナ前にも「これさえなければ」と憎たらしく思ってきたことがひとつやふたつはあったはずです。

コロナはなくなっても、過去の悩みがよみがえったり、新たな問題が浮上してくることは十分に考えられます。

コロナ禍があってもなくても、ぼくたちのまわりには、いつでもどこでも不幸の種があります。そして、不幸の種はぼくたちの不平不満や愚痴、嘆き、怒りといったネガティブな感情を栄養にして成長していくのです。

「コロナさえなければ」

イルカはそんな考え方をしないはずです。

仲間がたくさん殺されても、「あんな事件があったから人間との距離が縮まった」と考えられるのですから。

「コロナだからこそ」

そう考えることで先が見えてくることを、イルカは教えてくれるのではないでしょうか。

さまざまな苦難は人が良い方向に変化するチャンスだ、とぼくは思っています。

イルカと泳いでいると気持ちがリラックスしてきて、つらいこと、悲しいことも素直に受け入れることができます。

そして、目の前を悠々と泳いでいくイルカを見ているうち、つらい出来事の記憶が浮かび上がってきて、海の中で涙がこぼれてくることもあります。でも、そのあとはとても気持ちがすっきりして、「まあ、いいか」とあれだけ心を痛めていたことを手放すことができるのです。

イルカはこんなメッセージもくれました。

「人間は、何かがあると『いいこと』『悪いこと』と決めつけたがるけれども、本当は『いい』も『悪い』もなくて、すべては必要だから起こっているのです」

コロナ禍も同じです。ウイルスも意味があって発生しています。「こんな生き方でいいのですか?」と問いかけられている気がします。

これを機会に、一人ひとりが生き方を変えて、新型コロナウイルスを必要としない世の中を作っていくことが求められているのではないでしょうか。

コロナで一気に大きなストレスが押し寄せてきました。亡くなった方、感染をしたら命にかかわる方、経済的な窮地に立たされて苦しんでいる方。「意味がある」と言われても納得できないかもしれません。

しかし、これだけ大きな犠牲を払っているのです。何も意味がないと考える方が空しいと思います。変化するきっかけにしたいものです。

新型コロナウイルスを憎んでも恨んでも、自分が抱えている問題はいつまでも解決しません。

「自分にとって、どんな意味があるのだろう?」

ひと息入れて考えてみることで、闇の中に小さな光が見えてくるはずです。

第2章

ぼくたちは大きな力に守られている

人間が気づいていないこと

オーストラリアから二年後、二度目のイルカとのコミュニケーションが行われました。

ヨーロッパから来ていた女性が、イルカにこんな質問をしました。

「精神的な面での人間とイルカとの違いは何でしょう?」

ヨーロッパやアメリカの人たちはイルカが大好きです。イルカから何かを学び取ろうとしています。最初は、ちょっと過大評価ではないかと感じる面もありましたが、ぼく自身、何度かイルカと泳いでみて、泳ぐたびに彼らからすてきな精神的ギフトをもらう体験をして、イルカはすごいと思えるようになりました。イルカからいろいろなことを教えてもらおうという気持ちになれたのです。

だから、イルカたちがどのような精神性をもっていて、人間とはどう違うのか。ものすごく興味深いテーマでした。

「いい質問をしてくれた」

ぼくはイルカの答えをワクワクしながら待っていました。

イルカはこう言いました。

「違いはほとんどありません」

えっ。人間はこんなところがダメなんだ。イルカを見習おう。そんなリアクションが自分の中で起こるのを期待していた身としては拍子抜けです。

しかし、イルカのメッセージには深みがあります。こんなことで話が終わるはずがありません。

「でも、ひとつだけ違いをあげるとしたら」と話が続きます。

あげるとしたら……。ぼくは身を乗り出しました。

「イルカは自分たちを生かしてくれている大きな力があることに気づいていますが、人間は気づいていません」

わおー。言葉を失いました。

「生かしてくれている大きな力」

そんなことが言えるイルカをぼくは尊敬します。

「生かされている」のか「生きている」か。イルカと人間の決定的な違いではないでしょうか。

イルカは大きな力に生かされていることを知っているから、「すべての出来事には意味がある」と悠然と生きることができるのです。

ぼくたち人間は、すべて自分の努力、がんばりで成し遂げないといけないと思い込んでいるから、肩に力が入って、うまくいかないことにいら立って、できないことがあると自分を責めて、自信をなくしてしまって、苦しさ、悩みをどんどん膨らませていくのです。

「イルカの言う大きな力とは何なのだろう?」

ぼくは考えました。

まず浮かぶのは、ぼくたちが「神様」とか「仏様」と呼んでいるものです。でも、イエス様やお釈迦様は人間社会では立派な人たちですが、イルカには関係ありません。

大きな力というのは、人間にもイルカにも影響を与えているはずですから、ぼくたちがイメージするイエス様やお釈迦様のように目に見える姿形をもっているのではなさそうです。

だったら何だろう？

宇宙をコントロールしている目に見えないエネルギーのことではないか。ぼくの考えはそこに行き着きました。

たとえば、地球は一日に一回自転をします。一年で太陽のまわりを一周します。この規則的な動きを何がコントロールしているのでしょうか。人間の想像をはるかに超えた巨大な力が働いているはずです。

宇宙をリズミカルに動かしているエネルギー。これがイルカの言う「大きな力」ではないでしょうか。

地球を、太陽系を、銀河系を、全宇宙を動かせるような大きな力から、ぼくたち人間だけが独立しているはずがありません。ぼくたちも、そのエネルギーのコントロール下にあるのは間違いないことです。

イルカはそのことに気づいています。

どんなに努力しても、がんばっても、人間の力なんて宇宙を動かしている力に比べたら微々たるものです。

努力やがんばりは大事だけれども、「がんばれば何でもできる」と考えるのは人間のごう慢さです。

やれることを精いっぱいやって、がんばった自分をほめてあげて、結果は大きな力に任せてしまう。ダメだったら「仕方がない」とあきらめて、気持ちを切り替えて、ダメから始まる道を歩いていけばいい。後悔なんて必要ない。

人と人とが出会うのは奇跡的なこと

人との出会いというのは不思議です。出会いによって人生が大きく変わったという人はたくさんいるはずで、ぼくもサラリーマンという仕事がつまらなくて、これからどうやって生きていこうかと迷いに迷っていた二〇代のころ、ある人と出会ったことがきっかけで、文章を書くことを生業とするようになりました。

四〇年近くこの仕事を続けていますが、あの出会いがなかったら何をしていただろうとときどき想像します。

一日に一〇〇人と会うとすると、五〇年で出会えるのは約一八〇万人です。日本の人口が一億人として、すべての日本人に会うには二七〇〇年以上かかります。

そう考えれば、ただ会うだけでも深い深いご縁なのに、親しい友だちになったり、一緒に仕事をしたり、結婚したりとなると、もう奇跡としか言いようがありません。

だれかが接近して来て、だれかが離れていく。限られた人との悲喜こもごもの物語が日々展開されているのです。

好きな人とばかり会うことはできません。

どんなに好きでも別れることもあります。

いじわるをされて泣きたくなることもあります。

憎しみさえ感じる人もいます。

「あんな人と会いたくなかった」

顔を思い出すだけでも気分が悪くなるような人もいますが、人と人とが出会うのは奇跡的なことだとするなら、ただ嫌いというだけで終わらせてはいけないかもしれません。

悪役がいてこそ、困難がたくさんあってこそ主人公が成長できる

ぼくは人と人との出会いにはイルカの言う「大きな力」の演出があるのではないかと思っています。

テレビドラマや映画のように、主人公がいじわるな人にいじめられたり、悪役に追い詰められたりするシーンは見ていると腹が立ったり、ハラハラドキドキしたりします。

主人公にまったくピンチがなくて、順風満帆、平穏無事にストー

リーが展開するようなドラマ、だれも見ないでしょう。

危機があるからこそ盛り上がります。

実際の人生でも「大きな力」はドラマチックな脚本を一人ひとりに与えているのではないでしょうか。

まわりがいい人ばかりだと物語としてはつまらない。悪役がいてこそ、困難がたくさんあってこそ、その人の人生はより魅力的になります。主人公が成長できます。「大きな力」はそれを願っているというのは考えすぎでしょうか。

嫌な人が現れたら、「来た、来た」と思ってください。大きな力が作り出した「悪役」です。ドラマを盛り上げるには欠かせません。

だけど、主人公が悪役に負けることはありません。大きな力はそんな脚本を書きません。最後に笑うのは主人公なのです。自分ならどんな脚本を書くかイメージしながら「悪役」と対峙してみてください。

どんな人もいい面だけを見ればいい人

「悪役」が登場したとき、どんなふうに接すればいいいか、イルカはこう教えてくれました。

「だれにでもいいところがあるんだから、
いいところだけ見ていればいいんだ」

人間とイルカとの関係でも、

「イルカをとったり殺したりする人間もいるけれども、
あなた方のようにイルカと仲良くしたいという人も
たくさんいるんだから」

と、いい面だけを見てくれているのです。

「悪いところばかりを見ていると気持ちが落ち込んでしまうでしょ。いいところを見ているとものすごく気持ちがいいじゃない」

その通りです。

「いじわるな人」というレッテルを貼って、いじわるな面ばかりを見ていると、よそよそしくなったり、責めるような態度をとってしまいます。すると、いじわるな人はますますいじわるになって、関係がこじれていきます。

いじわるな人と無理に仲良くする必要はないけれども、少しはいいところもあるはずです。お料理が上手だったり、洋服のセンスが良かったり、仲のいい人に対しては面倒見が良かったり、仕事がてきぱきとこなせたり。

探せばあるはずです。

なるべくいいところを見るようにしていると、自分が相手に向けて発するエネルギーが変わってきます。敵意のあるエネルギーから親しみのあるエネルギーに変わります。

だれにも相手のエネルギーをキャッチする能力があります。敵意を感じれば敵意で返そうとします。やさしいエネルギーを送られれば気持ちがやわらぎます。

いいところを探す癖をつけると、人間関係は驚くほど円滑になります。楽しく愉快に幸せに生きるための大切なコツです。

たとえば、こんな物語はどうでしょう。

主人公はいつもいじわるをされていて、嫌な思いをしていました。

あるとき、イルカが相手のいいところを探せばいいと教えてくれていることを知りました。

「やってみよう」

そう決心して、いじわるをする相手のいいところを探すようになりました。

「この子、意外と笑顔がすてきね」

「髪の毛がとてもきれい」

そんな目で見ているうち、いじわるな人の態度が変わってきて、友だちになることができたのです。

「イルカの言うことは本当だったんだ」

その後、主人公はつらい体験をするたびに、

「苦しいけれども、いいところがあるはずだ」

苦しみに振り回されずに、いいところを探すようになりました。

それが習慣になると、毎日がとても楽しくなり、幸せだと感じることがどんどん増えていきました。

「そんなうまい話、あるものか」

そう思う方もいるでしょうが、いいところを探すにはお金も手間もかかりません。試してみてください。うまい話にならなくてもともと。うまい話になったら儲けものです。

イルカは、人間たちが「遊んでほしい」と群がってきても、「面倒くさい」とか「うっとおしい」と思わず、人間と遊んでくれます。何があっても、いいところを見ながら生きているように思います。

大きな力は、こうした展開を望んで、その人の人生にいじわるな人を登場させたのかもしれません。

逃げろ、逃げろ。余計な戦いなどしなくていい

ただ、今は学校でも職場でも強烈ないじめがあるので、いいところを探そうとしても、それ以上のプレッシャーが襲ってくることもあります。

そんなときはどうするか。

逃げることです。

緊急避難です。

「逃げるなんてひきょうだ。とことん戦え！」

戦時中のようなことを言う時代錯誤の人がいます。

子どものころ、親から言われたことが頭に強烈に残っているのかもしれません。

「逃げるな！」

「がんばれば、どんなことも乗り越えられる」

と親から言われて育った人は、逃げるという選択ができないことが多いようです。

戦うことを良しとする人に言いたい。目の前に熊が現れたらどうしますか？　戦いますか？　逃げるのはひきょうですか？　がんばれば勝てますか？

たまに傷だらけのイルカに会うことがあります。サメに襲われたときのケガのようです。イルカはあんなやさしい顔をしているけれども、本気になって戦えばサメにだって負けません。

でも、無用な戦いはしません。逃げて解決するものなら逃げるでしょう。

ドルフィンスイムでは「イルカには触らないでください」というルールがあります。

しかし、中にはイルカを見ると興奮のあまり我を忘れてしまうのか、急接近してイルカに触ろうとする人もいます。イルカは、さっと身をかわして逃げ去ります。

そういう無礼な人間には尻尾でひと叩きしてやればいいと、ぼくは思ってしまうのですが、そんなことをすれば人間は大けがをして大変な騒ぎになってしまいます。だから、イルカたちは逃げるのです。

ただ、その日は、どれだけ船を走らせても、イルカは姿を見せてくれません。イルカたちのネットワークがあって、「今日の人間たちには近づかない方がいいぞ」という情報が伝えられているのかもしれません。

逃げることは、ひきょうでも敗北でもありません。逃げることで、新しい道が開けてくることもあります。

学校でいじめられて自ら命を断つ子どもがいます。どれほどつらい思いをしてきたのか。死という究極の選択をするくらいですから半端なことではないでしょう。そんなニュースを聞くたび、心が痛みます。

いじめをなくすことが一番だけど、とても根深い問題なので、簡単にはなくなりません。いつかなくせるとしても、それまでにどれだけの子どもが苦しい思いをするか。

苦しければ「逃げる」道もあります。

そして、親や先生たちまわりの大人たちは「逃げる」ことを勇気ある決断として認めてほしいと思います。

大きな力は、人が成長するために苦難を用意しています。しかし、解決法がない苦しみではありません。ぎりぎりのところで跳び越せるハードルです。ここをどう脱するかが見せ所です。

がんばってジャンプ力をつけるのもいいのですが、ハードルだから飛び越えないといけないという思い込みを捨てれば、ハードルの下をもぐって先に行くこともできるし、コースをそれてハードルを回避することだってできます。ハードルを倒したっていいじゃないですか。
大きな力は、「ここは逃げる」と脚本に書いているかもしれないのです。

オドオドビクビクするのは恥ずかしいことではない

ピンチに立たされて平気でいられる人はいません。平然としているように見えても、その人の心の中をのぞいてみれば、けっこうビクビクしていたりするものです。

何事にも動じない強い人間というのは、ほとんどいないと思っていいでしょう。
オドオドビクビクするのは、何も恥ずかしがることではありません。

ぼくの尊敬するO医師は講演会でこんな質問を受けました。
「どうすれば先生のように平然としていられますか?」
O医師はこう答えました。
「私は平然となんかしていません。いつもビクビクしています。
何事にも動じないことに、どうしてあこがれるのでしょうか。
心は上に下にと揺れ動くものです。

だから、そこに喜びや感動が生まれます。

浮いたり沈んだりしない、感情のない、ロボットのような生き方を、私はしたいとは思いません」

たぶん、イルカも同じようなことを言うのではないでしょうか。恐怖や不安という感情も、必要だからあるのです。

ぼくは泳げないというお話をしました。

泳げない人は海がものすごく怖い。泳げる人にはわからない気持ちだと思います。

だけど初めてイルカと泳いだとき、正直、怖くて海に入りたくなかったけれども、ライフジャケットを着けたら沈まないよ、と説得されてビクビクしながら海に入りました。

海に入ったとたん、ぶくぶくと沈みました。溺れるのではないかという恐怖が襲ってきました。しかし、ライフジャケットを着けていますから、すぐに浮き上がります。スノーケルをくわえていますから、息も楽にできます。

ほっとしました。

少し余裕ができて、まわりを見回しました。

たくさんのイルカがいました。一頭が近づいてきてくれました。

すっとぼくの横を通り抜けました。

そして、引き返してきたと思うと、ぼくのすぐ前で止まりました。

尻尾を上下に振っていました。

「ついておいで」

とでも言うような仕草です。

ぼくは夢中になってイルカのあとを追いかけました。

恐怖はすっかり消えていました。うれしくて楽しくて、時間を忘れてイルカに遊んでもらったのです。

泳げない不安、海への恐怖があって、イルカと泳ぐなんてとっくにあきらめていたぼくだからこそ、泳げる人の何倍もの喜びや感動をもらうことがもらえたと思っています。

ライフジャケットを着なくても、水中マスクやフィン（足ひれ）の浮力で浮いていられることも知って、海で遊ぶ自信もつきました。

「泳げなくても、ドルフィンスイムが楽しめますよ」

海が怖かったぼくが発信するからこそ、説得力があります。ぼくの話を聞いて、「泳げないけど」と勇気をもってドルフィンスイムに参加し、「参加して良かった」ととても喜んでくれた人もいます。

心は、動くのが当たり前。

オドオドビクビクしながら生きればいい。その分、いいことがあったときには大きな喜びを感じることができるのです。

このピンチをどうやって乗り越えさせてくれるのか

イルカからの「大きな力に生かされている」というメッセージのおかげで本当に気持ちが楽になりました。

ピンチに立たされたとき、気持ちは揺れ動きますが、ぼくは自分にこう語りかけることで心を落ち着かせます。

「このピンチ、どんなふうに乗り越えさせてくれるのだろう。じっくりと見てやるぞ」

イルカの言う「大きな力」がぼくたちを困らせようとしているはずがありません。ぼくたちを成長させようとさまざまな試練を与え、それを乗り越えるためのおぜん立てをきちんとしてくれます。

それもぼくたちの想像を超えたドラマチックな展開を用意してくれることがあります。

お金がなくて困っているときに宝くじが当たるというベタなオチはなくても、ぼくのような自由業だと、思わぬ仕事が舞い込んできて、必要な金額がまかなえるようなことはよくあります。

いじわるをされて悩んでいたときには、同じようなことで困っている人との出会いがあって、話をしているうちに気持ちが落ち着き、嫌なことを言われても気にならなくなりました。

三〇歳を過ぎたころ、大きな転機がありました。フリーライターになったものの、このままでいいのかと疑問を感じていたときに、草ラグビーの試合で大けがをしました。

二カ月の入院。

「これからどうしようか」

病院のベッドの上で考えました。

そんなときに、古くからの友だちが日本語の講師として中国に行きました。なぜかわからないけれども、けがが治ったら中国へ友だ

ちを訪ねようと決めました。

この中国行きで、ぼくは導かれたように二人の師と出会い、生涯のテーマとなる「癒し」の世界に足を踏み入れることになりました。

そのころは目先のことに振り回される日々でしたが、今から振り返ると、中国へ行こうと思ったのも、人生の師と出会ったのも、癒しをテーマにするようになったのも、ぼくの意志を超えたところで動かされたような気がしてなりません。

大きな力は、ぼくに考える時間を与えるために大けがをさせた。それも、ちょうど友だちが中国へ行くのに合わせて、ぼくを中国へ行かせようという力が働いていたのだと思います。

そして、中国では人生を大きく変えてくれる師と出会って、「癒し」をライフワークとするように仕向けられたのではないでしょうか。

イルカの言う「大きな力」の存在を知るため、ぼくたちは日々、さまざまな体験をしている、とぼくは思っています。

特にピンチのときに、そこから脱出できるチャンスをもらったとき、大きな力の存在を痛感するはずです。

「ああ、守られている」

「ああ、助けられている」

「ああ、導かれている」

生かされている自分を感じ、得体の知れない偉大なエネルギーに感謝する気持ちが膨れ上がってきます。

それこそ、魂の成長ではないでしょうか。

つらいとき、悲しいとき、行き詰ったとき。

そんなときこそ、「このピンチ、どんなふうに乗り越えさせてくれるのか」と楽しみにしているといいでしょう。必ずチャンスをくれます。

チャンスをもらったら、大げさなほど喜び、感謝してください。

大きな力は「こんなにも喜んでくれるなら」と、もっと応援してくれるようになります。

守護霊様に助けを求めよう

ぼくは守護霊様の存在を信じています。守護霊様はその人を守ってくれている存在です。

守護霊様も大きな力のひとつでありますが、ぼくは、宇宙を動かしているような大きな力を、ぼくたちのレベルに合わせた形で具現化してくれるのが守護霊様ではないかと思っています。

先ほどの話で言うなら、思わぬ仕事を与えてくれたり、だれかに会わせてくれたり、中国へ行かせてくれたのは、大きな力のエネルギーを受けて、守護霊様がぼくにとって一番いい状況を作ってくれたのだと思うのです。

守護霊様は、大きな力の意志に従って、自分が担当する人をより良い方向に導くために存在しています。

守護霊様の仕事は、個人個人を助けることです。

困ったことがあったとき、ぼくは守護霊様に助けを求めます。

そのときに大切なのは、どんなことに困っていて、どうなってほしいかという自分の気持ちや願いを正直に具体的に伝えることです。

たとえば、コロナ禍で仕事がなくなって、経済的にも厳しくなってどうしていいかわからないとします。

まずは仕事に就きたいということでしょうが、「仕事が見つかりますように」では守護霊様も困ります。

どんな仕事が希望なのか？　働く場所は？　どれくらいの収入がほしい？　それくらいは伝えないと、守護霊様は動こうにも動けません。

守護霊様にお願いをしたら待ちます。

守護霊様からのメッセージは、さりげなくきますから見逃さないでください。

チラシの求人広告がぱっと目に止まるとか、ネットを開いたらいい仕事の情報が見つかったとか、友だちからの電話がヒントになるといった形で、「そんなのたまたまさ」と笑い飛ばしてしまうようなことが、後から考えると重要な転機だったということはいくらでもあります。

仕事が見つかったら喜びましょう。感謝しましょう。守護霊様は「いい仕事をした」と満足して、もっと力を貸してくれます。

守護霊様に一所懸命にお願いしても仕事が見つからなかったとしても文句を言わないことです。こちら側が守護霊様のメッセージを聞き取れなかった可能性もあります。

あきらめないで何度でも頼みましょう。守護霊様は怒ったりしません。そして、守護霊様からのメッセージに耳を澄ませてください。願った通りの結果にはならなくても、その人にとって一番いい状況を守護霊様は作ってくれます。

感じたことを素直に受け容れ行動する

大きな力のメッセージは、守護霊様を経由して、ぼくたちの魂、心に伝わります。

イルカたちは、大きな力からのメッセージをしっかりと感じ取って、それに素直に従って生きているのだと思います。だから、ぼくたちから見て、彼らはあんなにも幸せで自由で生き生きとしているとうらやましく思えてくるのです。

どうしたら大きな力のメッセージを聞き取れるようになるでしょうか。

日頃から自分の心の動きを観察するクセをつけることが大切です。自分の感情に敏感になることです。

「今、落ち込んでいるな」

「悔しいな」

「腹が立って仕方がない」

「うれしいな」

「楽しいな」

心の中で起こっている気持ちにフォーカスします。感情をどうにかしようとするのではなく、理由や言い訳を考えるのでもなく、不快だからと言って押し殺すのでもなく、素直に認めて受け入れます。

そして、やりたくないことはしばらくやらないようにする。

好きなことだけに集中する。

嫌いな人とは距離を置く。

それを日頃から心掛けていると、大きな力→守護霊様→魂を通して心に伝わってきたメッセージをキャッチしやすくなります。

ネットや雑誌を見ても、これまでなら見過ごしてきたところに目が向いたりします。

「これだ！」

と、心が訴えてきます。この感覚をつかんでいただきたいのです。

あとは受け取った感覚に従って動くだけです。

怖がらずに動けば、どんどん状況が変わります。助けてくれる人が現れたり、気持ちを切り替えられる出来事が起こったり、必要な資金が手に入ったりします。

大きな力は、常に最大の好意をもって、ぼくたちにメッセージを送ってくれています。ぼくたちはアンテナを敏感にしておくだけ。
そのためには感情に素直になることです。

「自分たちを生かしてくれている大きな力があること
に気づきましょう」

自分の力だけで何とかしようとするのではなく、できないことが
あっても、努力がたりなかったと自分を責めるのではなく、大きな
力に導かれてこういう結果になったのだと思えれば、

「人間は、もっと謙虚に生きられるのではないでしょ

うか」

そうイルカは言っているのです。

第3章
イルカみたいに生きてみよう

長女が不登校になった意味は？

学校へ行きたくない。

学校へ行けない。

大人は「学校くらい」と言いますが、子どもたちにとって、学校が苦痛の種というのは深刻なことです。

うちの長女は、中学一年生の三学期から卒業するまで、不登校でした。原因は同級生のいやがらせでした。教室を離れているすきに色鉛筆を隠されたり、給食の牛乳パックにコンパスの針で穴を開けられたりといったことから始まったようです。

「お父さん、これ見てよ」

学校を休みがちになったある日、長女がぼくのところへ泣きながら英和辞典をもってきました。カバーがカッターで切られていました。セロテープで補修してある跡が痛々しく、彼女の気持ちを代弁しているようでした。

彼女はいやがらせを受けていることを、ずっと黙っていました。親に心配かけたくないから。

耐えられなくなって、勇気をもって打ち明けました。つらくてもじっとがまんしてきた長女がかわいそうでいじらしくて、何と言葉をかけていいかわかりませんでした。

「もう行かなくていいよ」

これ以上、彼女が傷ついてはいけない。そう思って親子で不登校の道を選んだのです。


しかし、それからが大変でした。

「これでいいんだ」と自分に言い聞かせながらも、気持ちは複雑に揺れました。このまま学校へ行かなかったらこの子の将来はどうなるのだろう？　ずっと家に引きこもっているつもりだろうか？　焦りや不安が膨らんできます。夫婦で意見が違って口論もしました。

イライラして、娘にきつい言葉を投げかけたこともありました。

子どもが不登校になったことで家庭内がぎくしゃくするのがよくわかりました。

頭で理解したことは、実際の生活の中で試されます。

「わかっているだけではダメだよ」

「わかったつもりは良くないよ」

イルカの声が聞こえてきたような気がしました。ぼくは、イルカからメッセージを思い返しました。

「娘が学校へ行かなくなったことにも意味がある」
「大きな力が進むべき方向を示してくれるはずだ」
肩の力を抜き、自分で何とかしようと思わず、長女の意志を尊重した選択をしようと決めました。

気持ちを切り替えるために埼玉県から東京都に引っ越しをしました。たまたま、いい家が見つかったのです。

引っ越してしばらくしてからのことです。

東京都には中学時代に不登校だった子や高校を中退した子たちが、学校生活に再チャレンジしようという趣旨で作られた「チャレンジスクール」という制度があることを知りました。

「これだ！」

大きな力が働いてくれたと確信しました。チャレンジスクールとはどういうところで、どんな勉強をするのか、ぼくなりに調べて長女に伝えました。説明会にも一緒に出かけました。

「ここだったら行けるかもしれない」

長女も前向きになってきました。

長女はチャレンジスクールで三年間を過ごしました。先生からもたくさんのチャンスをいただき、「イルカと私」というテーマで弁論大会にもエントリーし、第三位という好成績をあげて、大きな自信になりました。

長女は小学校四年生のころから、毎年、御蔵島や小笠原へイルカと泳ぎに行っています。不登校で悩んだときも、「イルカが心の支えになってくれた」と彼女は言っています。

「イルカからは、一年分のエネルギーがもらえる」

イルカのことを話す彼女の目はきらきらと輝いていました。

不登校のとき、どうしていいかわからず迷い、悩み、苦しんでいたときにイルカに救われた体験を大勢の人の前で堂々と語りました。

彼女にイルカをすすめたのはぼくです。こんなところでイルカが助けてくれるとは思ってもみませんでした。

「少しでも不登校で悩んでいる子たちの力になりたい」

彼女は大学の心理学部に進み、イルカと癒しのことを自分なりに研究しました。不登校を体験したことで、イルカの存在がどんどん大きくなりました。彼女はどんな形かはわかりませんが、一生、イルカとかかわり続けるでしょう。

不登校になったことにも大きな意味がありました。

そして、大きな力に委ねたことで、長女にとってはもっともいい方向に物事が進んだのです。

好きなこと、やりたいことを基準にして道を決める

長女の不登校は、ぼくにとってもたくさんのことを学ばせてもらうチャンスでした。

一番の気づきは「学校」の呪縛がいかに強烈なものかでした。学校へ行くのは当たり前のことで、行かないとか、行けないというのは、親も子も、まるで「人間失格」の烙印を押されたかのように感じてしまいます。

ぼくは、けっこう進歩的な人だと思っていました。子どもが学校

へ行かなくなるくらいで動じることはないと自信をもっていました。
ところが、実際に娘がいやがらせを受け、学校へ行きたくないと言い出すと、彼女の気持ちを理解することができず、思ってもみない感情が次々と湧き上がってきました。イライラ、怒り、あせり、不安、恐怖、自己嫌悪などです。

少し落ち着いてから、不登校の周辺でどんなことが起こっているのかを取材して回りました。ぼくと同じ混乱状態になった親御さんはたくさんいました。中には、感情がコントロールできず、子どもに暴力を振るってしまったと、つらそうな顔で話してくれる父親もいました。

ついつい子どもに手をあげてしまう親。その気持ちはぼくにも想像できます。

そもそも学校は何のためにできたのか？　なぜぼくたちはこれほどまでに学校に縛られるのだろうか？

そんなことも調べたりしました。フリースクールが主催するセミナーにも参加しました。

「学校という存在は、ぼくたちの心の中に巣食ったモンスターではないか」

学校だけではありません。ぼくたちはいろいろなものに縛られて生きています。

大学を出たら就職しなければならない。結婚しないのは不幸だ。お金がない人生はボロボロだ。健康でなければいけない。人から認められないといけない。好きなことばかりをやっていてはいけない。苦手は克服しろ。逃げるな。弱音を吐くな。やさしいだけではダメだ。人に迷惑をかけるな。自分のことは自分でやれ。

いくらでもあります。

その中でも学校はトップクラスの縛りです。

豊かに生きられるかどうかは、学校へ行くとか行かないとか関係ありません。いい大学を出たら幸せになれるというのは錯覚でしかありません。現実社会をきちんと観察すれば、そんなことは一目瞭然です。

にもかかわらず、いつの時代も、親は「勉強しろ」「勉強しないとろくな大人になれない」「いい大学へ行け」と、子どもの尻を叩きます。「行かないといけない」とがんばり続けた子どもが、疲弊して学校へ行かなくなるとあたふたします。

「学校くらい行けなくてどうする！　俺は会社でお前の一〇〇倍も苦労しているんだ」

そんなことを言って、子どもを追い詰める親もいます。

「自分に正直に生きましょう」

イルカは教えてくれました。

学校へ行きたくなければ行かない。ぼくの娘は、たまたまいい学校が見つかって高校へ行きましたが、海やイルカの好きな子なので、中学校卒業後は御蔵島とか小笠原でアルバイトをする生活でも良かったと思っています。

大好きなイルカといつも会えます。趣味の合う友だちができて、なかなか体験できない離島生活を満喫できたかもしれません。

学校へ行くだけが道ではありません。

いくらでも選択肢はあります。

「好きなこと」

「やりたいこと」

これを基準に、思い切った決断をすれば大きな力が応援してくれる、とぼくは思っています。年齢は関係ありません。一〇歳であろうと八〇歳であろうと、早すぎることも遅すぎることもありません。

自分で道を選び、勇気をもって行動する人が、イルカは大好きなのです。

楽しいことを想像すれば楽しいことが起こる

「想像できれば実現の可能性があるよ」

イルカは言いました。

ぼくは文章を書く仕事を始めたとき、自分の書いた本が書店に積み上げられる光景を、ずっと想像していました。

本を出すことなど夢のまた夢。そんなときから、ベストセラーを出したときの快感をイメージしていたのです。

それから一〇年もしないうちに、夢のまた夢の、さらに先にある夢が、イルカの本で実現しました。

どんなことを想像しても罰せられることはありません。黙っていれば人に笑われたりバカにされることもありません。一〇〇パーセント自由な自分だけの世界です。

ぼくの場合、本が売れるイメージはもてても、オリンピックで金メダルをとったり、ノーベル賞を受賞する想像はしたことがありません。できないことは頭の中に浮かんでこないのです。

楽しいことを想像していると楽しいことが起こります。

つらくて苦しい自分をイメージするとそれが実現します。

せっかくなのですから、「現実は……」などと考えず、思いっきりはじけたことをイメージしてみてはどうでしょう。

イルカはこんなことも言っていました。

「ぼくたちは疲れたと思ったら、別のイルカと入れ替わるんだ。まったく違う体験をすると元気が出るよ。いろいろな体験を積み重ねることで成長できるしね」

ぼくには意味がわかりませんでした。しかし、あれから何十年もたって、あのときのイルカはイメージの世界を言っていたのではないかと思うようになってきました。

イメージだけだったら、どんな自分にだってなることができます。なりたい自分になってしまえばいいのです。自分が違う自分と入れ替わることができるのです。

本を書いてみたいなと思えば、頭の中に売れっ子の作家になった自分を作り上げ、締め切りに追われてがんばって原稿を書いている姿を浮かべてみてください。

大観衆の中でプレーしているサッカーの花形選手でも、武道館でコンサートをしているアーティストでも、海辺の大きな別荘でゆったりと過ごしているお金持ちでも、想像するのはいくらでもできます。

「そんなのできっこないよ」とブレーキをかける必要はありません。遠慮などいりません。想像は自由ですから。

台風で帰れなくなったことで、結婚相手と知り合った

そして、覚えておいてほしいのは、「想像できることは実現の可能性がある」というイルカの言葉です。

想像するという行為は、大きな力とのつながりをもつことであって、想像を通して、大きな力がその人の進むべき方向を示してくれているのでは、とぼくは思います。

想像することで大きな力から応援のエネルギーが流れ込んできて、守護霊様がエネルギーを具体的な形に変換します。人に会ったり、ネットでいい情報を見つけたりといったことが起こってくるのです。

一緒に小笠原へ行った三〇代の女性の例です。小笠原滞在は一週間の予定でした。ところが、台風が接近して、帰りの船が欠航になってしまいました。あと三日間、島を出ることができません。

彼女は仕事もあったのであせりました。帰るまでの三日間の仕事の穴を埋めるために方々に電話をしました。せっかくの休息の旅だったのに、最後の最後でクタクタに疲れ果ててしまいました。

「ついてないなあ。どうして台風なんか」

彼女はため息をつきました。

ところが、滞在が延長になった三日間にドラマが起こりました。

彼女はある男性と親しくなり、数カ月後には結婚に至りました。

三〇代の女性ですから、結婚のことは意識していたと思います。

イルカと泳いで気持ちもオープンになっていたと思います。大きな力はチャンスとばかりに、彼女に出会いを用意したのではないでしょうか。

シャイな女性なので、彼と東京で出会っていても、恋はなかなか進展しなかったと思います。小笠原という離島で、台風で帰れない非常事態があって、だからこそ彼女の心にもいい意味での隙間ができたのではないでしょうか。

彼女を応援する大きな力のエネルギーがあって、そのエネルギーを受けて、守護霊様は二人を結び付ける状況を作り出したのです。イルカと泳いでリラックスできたことも、二人の関係が深まるにはプラスに働いたはずです。

苦しみの先にある楽しみをイメージしてみる

悩みや苦しみを抱えている人は、今の苦悩にばかりとらわれていないで、苦しみを乗り越えたあとの自分をイメージしてみるといいのではないでしょうか。

マラソン選手は、足が疲れて、息も乱れてきたとき、苦しみを乗り越えようとするのではなく、ゴールインしたときの喜びでいっぱいの自分をイメージすることで、リズムを取り戻すと聞いたことがあります。

難病から回復した人が、どうしたら治るだろうと考えるばかりではなく、治ったら何をしようかと具体的にイメージするといいと体験を語ってくれることがあります。

海外旅行に行こう、評判のレストランで思いっきり好きなものを食べよう、イルカと泳ぎに行こう。

病気が治ったあとのことをイメージすることで、大きな力や守護霊様は、イメージしたことが実現するための応援をしてくれます。

結果的に病気も治って、やりたいこともできるという一石二鳥となるのです。

学校へ行きたくなかったら、学校へ行かずに何をしているのか、楽しく過ごしている自分を想像するといいのではないでしょうか。学校よりも有意義なことはいくらでもあるはずです。

大きな力は楽しいことが大好きです。

楽しいことうれしいことを想像して生きている人を応援したくてたまりません。

「つらいとき、苦しいときに、楽しいことを考えろと言っても無理だ」

それも、もっともです。つらさというのは永遠に続くように思ってしまうものです。でも、こんなことができればいいなと思うことを一日に一分でも二分でもいいから考えてみることです。それだけのことで、大きな力は応援しやすくなります。

幸せになるための三つのこと

「幸せって何ですか?」

ババハマの船の中で、ある人がイルカに質問をしました。

「幸せになるにはどうしたらいいか。三つあります」

イルカが言いました。

だれもが幸せになりたいと思っています。みんなが身を乗り出すのがわかりました。

「まずは、〝無条件の愛〟です」

愛の大切さはよく言われます。でも、普通の愛では足りないとイルカは言います。

「無条件」じゃないといけないのです。

ぼくたちは、だれかを愛したときに、どこかで見返りを求めてしまいがちです。

「こんなにも愛しているのだから、私以外の女性に興味をもたないで」

これは無条件の愛ではありません。

本物の愛なら、相手が何をしようと関係ありません。ひたすら愛を注ぐのです。その愛をどう受け止めるかは相手の自由。自分の思うような態度をとってくれなくても平気でいないといけません。

「ふたつ目は〝無条件のゆるし〟です」

ひどい仕打ちを受けたり、嫌なことを言われると、「絶対にゆるせない！」という気持ちが湧き上がってきます。一生恨み続けてやるという執念深い人もいます。

それではは幸せにはなれないとイルカは言います。
幸せになりたかったら、まずはゆるすこと。さらには、慰謝料をこれだけ払ってくれたらゆるすといったような条件をつけないことです。

「三つ目が〝無条件の受容〟です」

受容とは受け入れること。つらいことがあったら、条件をつけずに受け入れることで幸せは近づいてきます。
しかし、言うのは簡単だけれども、実行するとなるととんでもなく難しいことです。

だれにでも嫌いな人がいるはずです。その人の顔を思い浮かべて、果たして無条件で愛して、ゆるして、受け容れることができるでしょうか。

残念ながら、ぼくにはできません。

そんなことができるだけの人間だったら、悩みもしないだろうし、迷うこともない気がします。

本当にイルカはそれほどまでに悟っているのでしょうか？

ぼくの疑問を察したのか、イルカは言いました。

「イルカも人間も、肉体をもっている限り、

〝無条件〟は、無理です」


無理無理。

ほっとします。

「ただ……」

イルカは続けました。「ただ……」に続く言葉が奥深いのがイルカの特徴です。


「ただね、無条件の愛、ゆるし、受容に限りなく近づ

くことはできます。少しでも近づこうとすることが大切です」

無理だとあきらめるのではなく、どんなに嫌いな相手であっても、無条件で愛することができるように、昨日よりほんのわずかでも近づきましょう。イルカはそう言っています。

これならできるかもしれません。

覚えておいてほしい。
だれもが幸せに向かっていることを

　ぼくたちが向かっている遠い先に、「無条件の愛」「無条件のゆるし」「無条件の受容」という尊い境地があることを意識するだけでも違います。自分はまだまだだけれども、一歩でも近づこう。嫌なあの人は、そのためのトレーニング台になってくれているんだ。

　そう考えると気持ちが楽になります。少しだけ幸せが近づいてきてくれた気になります。

あわてることもあせることもありません。

ゆっくりゆっくり進んでいきましょう。

ときには休んで。

後戻りもあってもいいと思います。

でも、覚えておいてほしいのです。ぼくたちはだれもが幸せに向かっているということを。

どんな出来事にも意味があって、
いつも大きな力が守ってくれている、導いてくれている。

何も心配はいりません。大船に乗ったつもりで、今をしっかりと味わいましょう。今しか体験できない貴重な味です。そして、明日につながる大切な味です。

以上が、ぼくがイルカとあって気づいたことです。

初めてイルカにあったのが三〇代の前半。今は六〇代半ばです。いくつになっても、おろおろしながら生きていますが、イルカからのメッセージはいつも心の中にあって、何か窮地に追い込まれたときには、それを思い出して、元気と勇気をもらっています。

この本を読んでくださった方が、少しでも希望をもって前へ進めるなら、ぼくは最高にうれしいです。

最後まで読んでくださって、本当にありがとうございました。

あとがき

二〇二〇年、新型コロナウイルスが広がって、小笠原へのドルフィンスイムツアーを中止しました。小さな診療所しかない離島にウイルスを持ち込んだら大変なことになります。

しばらく、大勢で小笠原へ行くのは無理そうです。

「イルカともしばらく会えないなあ」

さみしい気持ちで沈んでいると、「すべての出来事は意味があって起こっている」というイルカのメッセージがピピッと響いてきました。

「イルカと会えないのには、どんな意味があるんだろう」

意味というのは考えてもわからない場合がほとんどで、あとになって、「こういうことだったんだ」と合点がいくものです。

ぼくの場合、二〇二〇年一一月に東京から山梨に移住したことがきっかけで、いろいろなひらめきがありました。

ぼくのテーマは癒しです。イルカは癒しについてのヒントをたくさんくれました。ぼくが何もしなくても、イルカは仲間を元気にしてくれました。

ぼくがやってきたのは、イルカに手伝ってもらって「癒しの場」を作ることでした。

「ぼくがやることは場を作ることだ」

楽しい場所、喜びがあふれる場所、のんびりできる場所、子どものように無邪気になれる場所、仲間と語り合って元気になれる場所、生きている意味を見つけ出せる場所、たくさんの気づきが得られる場所。

ヒントは二〇一九年の小笠原にありました。台風が停滞してずっと雨。一度も海に出られませんでした。もちろんイルカにも会えません。それでも、今までの小笠原ツアーの中でも、トップクラスの楽しい毎日だったのです。小笠原という環境と気の合う仲間がすばらしい場を作ってくれたのです。

海のない山梨県でも、イルカがいなくても、癒しの場は作れるはずだ。そう考え出したときに、「農業」というキーワードが頭に浮かびました。気の合う仲間が集まって、大地に触れ、作物を作る。命の根源を感じ取ることができるのではないか。

さらに、ひょんなことからヤギを四頭飼うことになりました。ヤギたちは思いのほか可愛くて、すぐに夢中になりました。イルカとは少しタイプが違うのですが、彼らはとても人懐っこくて、時間を忘れてずっと一緒にいられれます。

「のんびり、ゆっくり」という面では、イルカと同じリズムをもっています。

農業とヤギで癒しの場を作ることにしました。今は富士山が見えるとてもすてきな場所でヤギを飼い、畑を耕し、野菜や果樹を育てています。

コロナ禍にもかかわらず、首都圏や山梨県内からたくさんの方が訪ねてくれます（人数制限をするなどコロナ対策は万全を期しています）。ヤギと遊び、畑仕事をし、集まった人たちと楽しく話すと、みなさん元気になります。

この癒しの場を、「ヤギーずビレッジ」と名付けました。

慣れない農作業やヤギの世話は大変です。しかし、「こんなことをやるとは」とぼく自身がびっくりしている毎日に癒されています。

山梨で暮らすことも、農的な生活をすることも、一年前には予想しなかったことです。


何が起こるか分からないのがこの世の常です。変化の連続です。

今は不幸のどん底にいる人も、次の瞬間に幸せになることがあります。もちろん逆もありますが、いくらでも再逆転するチャンスがやってきます。

ぼくは、ピンチのときには、イルカが教えてくれたことを思い出して、「これにも意味がある」と自分に言い聞かせ、「大きな力はどんなふうにこのピンチを乗り越えさせてくれるのだろう」と期待をすることにしています。

世界中が激動するコロナ禍。どんな意味があって、どうやってこのピンチを逃れさせてくれるのか。その答えがわかるのが、ぼくにはとても楽しみです。

「ちょっと疲れたな」と感じている方、山梨県甲州市にある「ヤギーずビレッジ」にお越しください。

野菜や果樹、ヤギさんがイルカみたいに生きるコツを教えてくれます。たくさんのエネルギーを充電していってください。ぼくも野良着姿で皆様をお迎えします。

お会いできる日を楽しみにしています。

メール　irukanogakko@gmail.com
お手紙はＫＫロングセラーズ編集部あてにお願いします。

ありがとうございました。

**そうだ！
イルカみたいに生きてみよう！**

著　者　　小原田泰久
発行者　　真船美保子
発行所　　KK ロングセラーズ
　　　　　東京都新宿区高田馬場 2-1-2　〒 169-0075
　　　　　電話（03）3204-5161(代)　振替 00120-7-145737
　　　　　http://www.kklong.co.jp

印刷・製本　　大日本印刷(株)

落丁・乱丁はお取り替えいたします。※定価と発行日はカバーに表示してあります。
ISBN978-4-8454-2479-5　Printed In Japan 2021

ポスト2030

最後に、2030年まで、そして2030年以降のSDGsに関する世界の動きを考えましょう。

1 SDGsに正解や賞味期限はない

これまで中小企業のSDGsの取り組みを見てきましたが、SDGsに正解はありません。考えの数だけ答えがあります。SDGsに取り組む目的により、SDGsの見方も変わります。価値観の衝突が生まれることもあります。

その中で、SDGsのゴールは示されています。ゴールに向かうことは社会の共通認識です。社会に認めてもらえるかどうか、つまり取り組みが正解になるかどうかは、妥当性のある説明をできるかどうか次第です。

SDGsの観点において自社の取り組みが妥当であることを主張する手段の1つが発信です。実践事例やSDGsの動向を知り、検証することで見えてくるものがあります。

2 SDGsの次の目標

2030年までは確実にSDGsは続きます。2031年以降はSDGsの目標がそのまま続くか、引き継いだ新しい目標が生まれます。SDGsは社会ニーズそのものです。中小企業には、自社自身が持続可能な企業であり続け、社会に必要とされ続けるためにもSDGsを経営戦略の範囲に留めず、事業から経営基盤まで落とし込み、2031年以降を見据えた経営が求められています。世界の変革（Transformation）から取り残されず、私たちが変革の先頭に立ちましょう。ポストSDGsの目標として、**ウェルビーイング**が注目されています。ウェルビーイングとは、「よく在る」ことを意味する概念で、「人間本来の健康的な豊かさ」とも表現されます。非常に多次元的な概念であり、単に個人の状態を示すものではなく、これからの時代の一人一人の目的とは何なのか、それを支える国家・企業・地域、そして、社会・経済・環境はどうあるべきなのかを考える軸とされています。新型コロナウイルスをきっかけに、私たちは個人や社会の存在意義、幸せの意味を考え直しました。今私たちはどのような社会を未来に対して残せるのか、繋いでいきたいのかということを、改めて考える時です。ポストSDGsでは、「これからの豊かさ」を具現化しましょう。

2025年日本国際博覧会（略称:大阪・関西万博）

「いのち輝く未来社会のデザイン」をメインテーマとし、会場全体でSDGsが達成された未来社会の姿を描く。次の5つの大目標を掲げています。

People（いのち、ひと、健康、福祉）

生態系を構成するすべての「いのち」を守り育てることの大切さを訴求する。

Planet（生態系、環境）

国際的合意（パリ協定、大阪ブルー・オーシャン・ビジョン、昆明・モントリオール生物多様性枠組）の実現の寄与する会場整備・運営を目指す。

Prosperity（サプライチェーン、バリューチェーン）

「もの」だけでなく、「生活」を豊かにし、可能性を広げることにつながる社会は環境に関する知見をレガシーとして、次世代に継承する。

Peace（平和、公正、インクルーシブネス）

多様な人々が積極的に、また安心して参加できる環境を整えるとともに、大阪・関西万博からテーマに基づく多様な考え方を発信できるよう、1人ひとりを尊重したインクルーシブな万博運営を目指す。

Partnership（協働）

誰もが参加でき、自由にアイディアを交わせる機会を提供する。その中で、1人ひとりがつながりコミュニティが形成されることを目指す。

出典：持続可能な大阪·関西万博開催にむけた行動計画　PowerPointプレゼンテーション（expo2025.or.jp）

Column

サステナブルツーリズム

サステナブルツーリズムとは、「訪問客、産業、環境、受け入れ地域の需要に適合しつつ、現在と未来の環境、社会文化、経済への影響に十分配慮した観光」のことです。2023年1-3月期の日本人国内旅行消費額は4兆2,331億円（2019年同期比0.5%増、前年同期比80.2%増）となり、コロナ禍前の水準に回復しました。2023年5月から新型コロナウイルスの感染症法上の類型が季節性インフルエンザなどと同じ5類に引き下げられたことにより、観光地にはさらに人が増えることが予想されます。コロナ禍で大打撃を受けた観光業にとっての観光客数回復には負の側面もあります。それはオーバーツーリズムと呼ばれるものです。**オーバーツーリズム**とは、観光地に過度な観光客が押し寄せることで渋滞が起きたり、街にゴミが散乱するなどのマナー違反が相次いだりと、観光が地域の生活に負の影響を及ぼす現象のことです。コロナ禍で社員の解雇、在庫や売り場面積の縮小などに対応してきた観光業にとって、観光客数の急激な回復、成長に追いつく基盤は確保されていません。観光客の出すゴミは景観悪化やゴミ処理費用など、地域の自然環境維持にとって負の影響を与えています。

私は今回の執筆にあたり、取材のために出張する機会がありました。宿泊先を探していたところ、楽天トラベルではサステナブル宿という認定があることを知り、認定を受けていたスーパーホテルに宿泊しました。スーパーホテルのコンセプトは「Natural, Organic, Smart」です。天然素材を使った心地良い室内、疲れを癒す天然温泉、体の中から健やかになるオーガニック食材など、健康でサステナブルなライフスタイルに出会えるホテルサービスを提供しています。スーパーホテルはSDGs開始より前の2001年からトイレットペーパーやコピー紙を再生紙に切り替えたり、IT化によるペーパーレスといった環境活動を実施し始めました。2011年には環境省創設の「エコ・ファースト制度」においてホテル業界初の「エコ・ファースト企業」に認定されています。私たち一人ひとりがSDGsの好循環を生み出す一員であることを自覚し、サステイナブルツーリズムに貢献していきたいですね。

おわりに

本書を最後まで読んでくださり、ありがとうございます。執筆にあたり、初めてSDGsに取り組もうとしている中小企業の経営者、社員の方々にとって学びを得られるような内容になるよう、SDGsの概要説明、実践事例の紹介、実践事例の学びや発展的な情報をお伝えしました。

SDGsという言葉は世の中に溢れています。本書でご説明したように、SDGsそのものは大きな世界の共通目標を示しているものであり、捉え方、目標への落とし込み方、取り組み方は自分次第です。取り組みにあたっては自社のことを良く知り、経営者自身で一歩踏み出すこと、行動することが最も重要であると感じました。また、中小企業はSDGsの取り組みにおいて、地域性や機動性の点からも、大きな可能性を持っていることを感じました。

私は今回、人生で初めて本を執筆させて頂きました。私の人生の目標は本を出版することであると公言していました。すると友人から、確か本を執筆したいって言っていたよね、SDGsに関する本を執筆しないかと声をかけてもらえました。物事においてできるかどうかを判断するのは私ではなく、私はただひたすらにやるべきこと、やりたいことと向き合い、最大限の成果を出すことに注力すべきだと考えました。そして、私自身が自分で自分の可能性を諦めることはないのだと思い、執筆した3か月の期間、全力で駆け抜けました。この話を通し皆様にお伝えしたいのは、発信すれば、声を上げれば夢は叶うのだということ、できるかどうかではなく私たちはただ行動するのだということです。